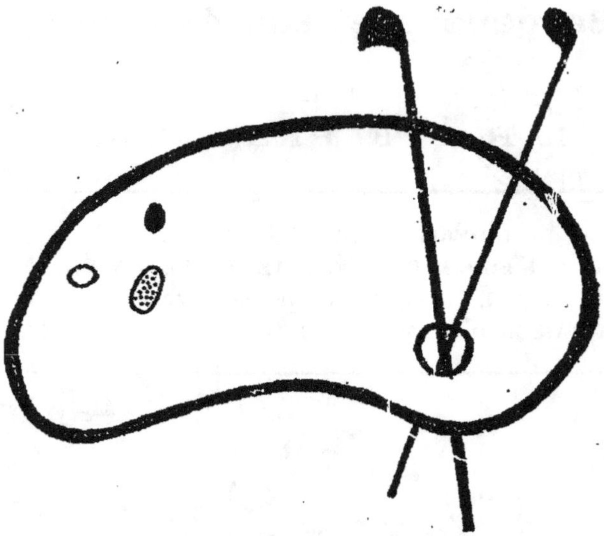

DEBUT D'UNE SERIE DE DOCUMENTS
EN COULEUR

SCIENCE ET RELIGION

Etudes pour le temps présent

LE CODE DU SINAÏ

Sa genèse et son évolution

PAR

le R. P. F. PRAT, S. J.

L'HÉRITIER DES PATRIARCHES

MOÏSE A L'ÉCOLE DE L'ÉGYPTE ET DE LA CHALDÉE

LE MESSAGER DE JÉHOVAH

LA RAISON D'ÉTAT — LÉGISTES ET INTERPRÈTES

PARIS

LIBRAIRIE BLOUD & Cie

4 RUE MADAME ET RUE DE RENNES, 50

1904

Tous droits réservés

SCIENCE ET RELIGION

Études pour le temps présent. — Prix 0 fr. 60 le vol.

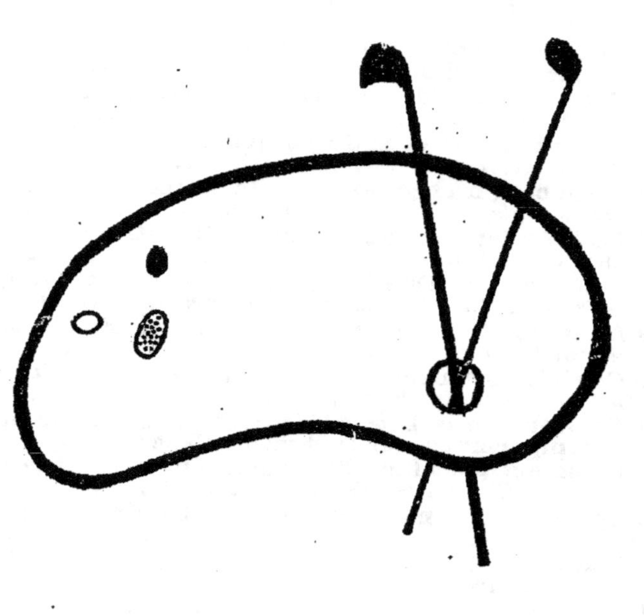

FIN D'UNE SERIE DE DOCUMENTS
EN COULEUR

SCIENCE ET RELIGION
Etudes pour le temps présent

LE CODE DU SINAÏ

Sa genèse et son évolution

PAR

le R. P. F. PRAT, S. J.

> L'HÉRITIER DES PATRIARCHES
> MOÏSE A L'ÉCOLE DE L'ÉGYPTE ET DE LA CHALDÉE
> LE MESSAGER DE JÉHOVAH
> LA RAISON D'ÉTAT — LÉGISTES ET INTERPRÈTES

PARIS

LIBRAIRIE BLOUD & Cie

4 RUE MADAME ET RUE DE RENNES, 59

1904

LE CODE DU SINAÏ

AVANT-PROPOS

Quand on étudie à fond la législation qui porte le nom de Moïse, on est d'abord frappé d'un double phénomène. Dans son aspect général, cette Loi est orientale et même spécifiquement sémitique ; elle a des rapports étroits avec les codes similaires des contrées voisines et des nations apparentées ; à ce point de vue, la récente découverte du code d'Hammourabi vient d'apporter une confirmation éclatante aux idées que nous émettions il y a quatre ou cinq ans. En second lieu, on croit y remarquer des couches successives que l'on a comparées assez justement aux stratifications géologiques.

Comment expliquer cela ? Si la Loi mosaïque est divine, d'où viennent ses rapports avec les autres législations contemporaines ? Et si la Loi est de Moïse, si elle est née tout entière à une époque précise de l'histoire, dans une crise unique et rapide du peuple hébreu, pourquoi ces strates superposées où nous verrions partout ailleurs l'effet du temps et le travail des siècles ?

Nous essaierons de lever ces doutes en examinant : 1° Les origines de la Loi, c'est-à-dire les éléments qui la composent : les legs du passé, les emprunts et les imitations, les apports personnels du législateur. 2° Les progrès de la Loi, nous voulons dire ses changements et son expansion, soit du vivant de Moïse, soit après la mort du grand thaumaturge.

PREMIÈRE PARTIE

Les origines de la Loi.

A proprement parler, Dieu est le seul législateur du Pentateuque, car le langage usuel réserve ce titre à celui qui inspire et sanctionne la Loi plutôt qu'à celui qui la compose ou la promulgue ; mais on peut toujours se demander comment Moïse a conçu, sous l'inspiration divine (1),

(1) On ne s'est guère occupé jusqu'ici que de l'inspiration *ad scribendum* et l'on a presque totalement négligé l'inspiration *ad docendum*. Il semble pourtant qu'on pourrait appliquer à cette dernière — *mutatis mutandis* — ce que le R. P. Pesch dit de l'autre : « Ut quis sit scriptor [orator] inspiratus non requiritur semper nova acceptio rerum scribendarum [docendarum], sed requiritur supernaturale judicium, quo scilicet homo judicat sibi hæc et hæc scribenda [docenda] esse ». *Theologische Zeitfragen*, 3ᵉ série, 1902, p. 75. — A sa traduction latine de cet opuscule le R. P. Pignataro ajoute une longue note polémique, remplie de confu-

le recueil de lois qui a gardé son nom. La législation mosaïque fait-elle table rase du passé, des coutumes populaires, du droit des gens alors en vigueur, des rites établis, des usages invétérés ?

sions grossières et d'insinuations malveillantes que le très docte et très courtois professeur allemand n'aurait point signées. Le R. P. Pignataro trouve la formule *Deus est auctor*, sur laquelle on dispute tant, d'une clarté parfaite et, au contraire, il déclare la formule *Verbum Dei scriptum* mirifiquement obscure, « novisque opinionum portentis valde accomodata (sic) ». Selon lui « sensu maxime proprio et formali dicimus traditionem apostolico-dogmaticam esse verbum Dei traditum, at nihilominus nemo suspicatur verbum Dei traditum esse inspiratum ». *Apparatus ad historiam coævam (sic) doctrinæ inspirationis*, 1903, p. 132. La *tradition* de l'Eglise n'est pas inspirée, non plus que la *transmission* du texte sacré, mais le *Verbum Dei traditum* est inspiré, aussi bien que le *Verbum Dei scriptum*, et l'on ne peut le nier sans aller contre le Concile de Trente : « Perspiciensque hanc veritatem et disciplinam contineri in libris scriptis, et sine scripto traditionibus, quæ ipsius CHRISTI ORE AB APOSTOLIS ACCEPTÆ, AUT AB IPSIS APOSTOLIS, SPIRITU SANCTO DICTANTE, quasi per manus traditæ, ad nos usque pervenerunt ;... omnes libros tam V. quam N. Testamenti... necnon traditiones ipsas... tanquam VEL ORE TENUS A CHRISTO, VEL A SPIRITU SANCTO DICTATAS... pari pietatis affectu ac reverentia suscipit et veneratur. » Sessio IV. Le *Verbum Dei traditum* n'est divin que parce qu'il procède directement du Christ qui avait le charisme permanent de l'inspiration : *Spiritus Domini super me*, ou des Apôtres enseignant sous l'inspiration de l'Esprit saint : *Spiritu sancto dictante ;* dans un cas comme dans l'autre, l'inspiration en est la source et il doit se dire inspiré. A force de vouloir identifier l'idée de *l'inspiration* avec la notion *d'auteur*, on arrive à supprimer l'inspiration *orale*, celle des prophètes et des apôtres.

Nous relevons ailleurs les autres confusions du

Et, supposé qu'elle en tienne compte, comment discerner maintenant les éléments empruntés par Moïse aux institutions préexistantes et les innovations qui donnent à la loi du Pentateuque son cachet et son originalité ?

CHAPITRE PREMIER

L'HÉRITAGE DU PASSÉ

Les élément antérieurs à Moïse, incorporés par lui dans son œuvre, se rangent sous quatre chefs : 1º les prescriptions de la loi naturelle ; 2º les préceptes imposés aux patriarches et à leur postérité ; 3º les rites et coutumes prémosaïques ; 4º enfin les emprunts et les imitations.

Nous ne mentionnons que pour mémoire la loi naturelle. Elle est écrite dans la conscience de tout homme venant en ce monde ; elle faisait partie de la révélation primitive ; les patriarches se l'étaient transmise de génération en génération ; Dieu lui-même, au besoin, rallumait ce flambeau près de s'éteindre, par un instinct surnaturel ou des révélations expresses. Moïse n'eut qu'à recueillir l'héritage légué par les représentants de la race élue, mais, en formulant le Décalogue avec la certitude de l'inspiration, il n'ob-

R. P. Pignataro, confusions bien singulières chez un professeur de l'Université Grégorienne et chez un successeur de l'illustre cardinal Franzelin:

tempère pas seulement aux ordres de la nature, il en écoute encore les vœux et les conseils, suivant la belle expression d'Aristote.

§ 1. — *Le code patriarcal.*

Parmi les articles du code patriarcal, surajoutés à la loi naturelle, nous trouvons l'abstention du sang, la circoncision, probablement le sabbat et peut-être la distinction entre les animaux purs et impurs.

1° *Le sang.* La défense de goûter le sang date, pour le moins, du déluge. Il faudrait la faire remonter encore plus haut s'il était parfaitement avéré que la permission de manger la chair des animaux, accordée à Noé, fut une concession récente. En tout cas, si l'abstention du sang n'appartient pas au code de l'humanité primitive, elle devient, pour des raisons symboliques d'ordre supérieur, l'article fondamental de l'humanité nouvelle (1). Un fratricide avait ensanglanté le premier foyer ; bien des meurtres durent succéder à ce meurtre ; il fallait inculquer à ces populations jeunes, exubérantes de force et de passion, le respect de la vie. Le sang, véhicule et agent du principe vital, sera donc interdit à l'homme, car la vie est dans le sang et Dieu seul est maître de la vie. Le sang des animaux devient ainsi la rançon de l'homme (2) ; c'est, dans le sacrifice, la part exclusive de Dieu ; mais, quant au sang humain,

(1) *Gen.*, ix, 4-6.
(2) *Lev.*, xvii, 10-14.

il appartient à Dieu doublement, et qui le verse sans son ordre est digne de mort. Nous ne voyons pas que l'injonction faite à Noé soit abrogée dans la suite et Moïse la propose aux enfants d'Israël comme une institution vénérable, connue et comprise de tous (1).

2° *La circoncision*. Pour la circoncison, nulle difficulté : Dieu l'impose à Abraham comme signe de l'alliance et comme gage des promesses (2). Dès lors, elle devient obligatoire pour tous les Hébreux sans exception. Elle dut être négligée plus d'une fois, car nous trouvons un exemple de cet oubli dans la famille même de Moïse (3), mais la masse du peuple y demeura fidèle ; autrement, elle n'eût pas été exigée comme condition absolue pour prendre part à la première Pâque, la veille de l'Exode (4). Pendant les courses à travers le désert, la loi fut suspendue, mais non rapportée ; elle reprit sa force impérative quand les Juifs eurent mis le pied dans la Terre promise, et Josué s'empressa d'ôter à son peuple l'opprobre de l'Egypte, c'est-à-dire ce que les prêtres et les princes égyptiens regardaient comme un opprobre (5).

La circoncision, en effet, n'est pas exclusive-

---

(1) *Deut.*, xii, 16, 23 ; xv, 23 ; *Levit.*, xvii, 10-14.
(2) *Gen.*, xvii, 9-14.
(3) *Ex.*, iv, 24-26.
(4) *Ibid.*, xii, 43 *sqq.*
(5) *Jos.*, v, 2-12.

ment spéciale aux Hébreux. Dès la plus haute antiquité, elle fut connue et pratiquée des Egyptiens, non sans doute à titre d'observance religieuse, mais, au témoignage d'Hérodote, pour cause d'hygiène et de propreté (1). Chez les Egyptiens, impur et incirconcis étaient synonymes, tout comme plus tard chez les Juifs. Qui s'étonnerait de voir Dieu prendre pour signe de son alliance une coutume déjà en vigueur, ferait preuve assurément de peu de sens et de réflexion. L'arc-en-ciel n'existait-il pas quand Dieu en fit le signe de son alliance avec l'humanité sauvée du déluge, et une chose n'est-elle pas d'autant plus apte à devenir symbole religieux qu'ayant déjà une signification dans le langage ou dans les mœurs des hommes, elle parle d'elle-même à l'esprit et aux sens ?

3° *Le sabbat.* Si la circoncision était connue des Egyptiens bien avant l'Exode, rien ne prouve que le sabbat le fût aussi. Et ce que nous disons de la vallée du Nil doit s'étendre aux rives de l'Euphrate. Le seul texte cunéiforme qui semblerait faire allusion au repos sabbatique est trop discuté pour qu'on puisse en tirer une conclusion précise. Il faut donc admettre, jusqu'à plus ample informé, que l'histoire profane ignore la sanctification du septième jour ; mais, à s'en tenir au sens naturel des mots, les Hébreux en avaient connaissance avant la promulgation solennelle du Sinaï. Dieu avait béni le septième jour ; il l'avait spécialement affecté à son culte ;

(1) *Hérod.*, ii, 37.

il en avait consacré le repos par son exemple. Ce n'était pas, je le veux bien, un ordre exprès ; c'était plutôt une insinuation que les patriarches comprirent, un conseil qu'ils pratiquèrent. Voilà du moins la solution la plus simple et la plus satisfaisante d'un problème que les controverses ont moins éclairci qu'embrouillé. On s'explique dès lors pourquoi Moïse place le repos du sabbat parmi les articles du Décalogue, et pourquoi les Juifs trouvent tout naturel l'ordre de faire, le sixième jour, double provision de manne (1).

4° *Animaux impurs*. Nous dirons de la distinction entre les animaux purs et impurs à peu près ce que nous avons dit du sabbat : elle était pratiquée sans être obligatoire ; c'était une coutume ancienne et respectable, ce n'était pas une loi. Lorsque Noé reçut de Dieu l'injonction d'introduire dans l'arche sept paires d'animaux purs, les animaux impurs n'étant admis qu'à raison de deux couples par espèce (2), il fallait bien qu'il sût les distinguer. Comment aurait-il pu autrement obéir aux ordres divins ? La figure de langage appelée *prolepse* n'est donc point ici de saison et l'on n'est pas plus autorisé à penser que les animaux purs désignaient les animaux propres au sacrifice. C'est là une hypothèse gratuite et peu vraisemblable. Sans doute la liste des animaux purs et impurs n'a pas été formée d'un seul coup, puis close irrévocablement ; Moïse a pu, en l'adoptant,

(1) *Ex.* xvi, 22 *seq.*
(2) *Gen.* vii, 2-3.

y ajouter les noms des cervidés et des rapaces
que le séjour au désert lui avait fait connaître. Tout
document de ce genre fait boule de neige et grossit en raison du temps et du parcours, jusqu'au
jour où il est fixé par une autorité dont la consé-
cration l'empêche d'évoluer davantage. Mais nous
pensons que le tableau du Lévitique et du Deutéronome (1), pris en bloc, remonte à une haute
antiquité et qu'il est peut-être un patrimoine des
premiers âges.

§ 2. — *Le droit coutumier.*

Depuis les nations modernes, centralisées à
l'excès, jusqu'aux peuplades sauvages où le lien
social existe à peine, en passant par l'intermé-
diaire du clan et de la tribu, toute réunion
d'hommes qui n'est pas une simple agglomération d'individus rassemblés par le hasard d'une
heure, possède, à défaut de législation écrite, un
droit coutumier. Trois enfants qui jouent obéissent
à un code, aussi absolu, aussi respecté et quelquefois plus inflexible que les lois solennellement
discutées dans nos assemblées délibérantes, promulguées avec fracas et placardées aux portes de
tous les prétoires.

Au moment où elle échappait à la servitude
d'Egypte, la société juive, vieille de plusieurs
siècles, rendue plus homogène et plus compacte
par l'antipathie du milieu ambiant et la rigueur
de la persécution, possédait certainement un droit

____

(1) *Levit.* xi ; *Deut.* xiv.

public où se reflétait sa physionomie originale.
C'était un peuple de pasteurs et d'agriculteurs,
absolument étranger à la vie politique et dont
les institutions sociales étaient simplifiées à
l'extrême, fédération de familles formant tout au
plus des groupes sporadiques sous l'autorité du
patriarche. La loi destinée à régir une société
pareille devait se borner à affirmer les droits de
Dieu et à régler les relations privées d'homme à
homme, dans la sphère étroite de leurs intérêts
et de leurs rapports.

Si primitive, si embryonnaire qu'elle fût, est-il
possible, est-il vraisemblable que Moïse n'en ait
point tenu compte ? C'eût été la faute la plus indigne d'un grand chef d'Etat et la plus capable
de lui aliéner son peuple. Je n'oublie pas l'inspiration divine : mais une résolution, pour être
inspirée, n'est pas pour cela contraire à la nature
et à la raison.

Il est donc probable *a priori* que Moïse puisa
dans ce droit coutumier bon nombre de ses prescriptions et que le premier code édicté au Sinaï,
ce qu'on est convenu d'appeler le Livre de
l'Alliance, donne une idée assez juste de la société juive au moment où elle secouait le joug
du Pharaon. Que voyons-nous, en effet, dans cette
législation succincte qui ne remplit pas plus de
trois ou quatre chapitres de l'Exode (1) ? Après
le Décalogue et quelques versets relatifs à l'or-

______

(1) *Ex.*, xx-xxiii.

ganisation provisoire du culte, suivent des régle-
mentations minutieuses sur les droits de l'esclave,
sur les meurtres et les sévices, sur le bœuf qui
frappe de la corne et la responsabilité de son pro-
priétaire, sur le vol et la restitution, sur les dé-
pôts et le prêt d'argent. Le tout est couronné par
la prescription du sabbat et de l'année sabbatique, des prémices dues à Dieu, du triple pèlerinage annuel, enfin par l'énoncé du principe fondamental de la théocratie.

Nous y cherchons en vain un écho de la vie
politique ; à peine y découvrons-nous quelques
traces d'institutions sociales : le devoir de res-
pecter les dieux, c'est-à-dire les supérieurs et
peut-être les juges, la défense du faux témoignage, l'obligation de juger en conscience, sans
se laisser dominer par l'opinion, ni fasciner par
les présents, ni aveugler par la pitié. Ce code
rudimentaire convenait à une population de bergers et de laboureurs ; il ne doit pas différer
beaucoup de celui qui, sur les bords du Nil, ré-
glait les rapports des enfants de Jacob.

Et pourquoi voudrait-on qu'il en différât ?
Conçoit-on les Hébreux, cantonnés dans la terre
de Gessen, séparés des Egyptiens par la race, la
langue, les traditions, le territoire même, sans
un embryon de loi ? On les suppose donc infé-
rieurs aux Canaques, aux Caraïbes, aux Esqui-
maux et aux Apaches ! Et s'ils avaient un code,
si élémentaire que vous voudrez, pourquoi Moïse
devait-il s'appliquer à le bouleverser dans ses

prescriptions légitimes ? Gagnait-il plus de crédit auprès de ses compatriotes, s'assurait-il mieux de leur fidélité et de leur obéissance ? Tout au contraire, il ne pouvait que ruiner son autorité et rebuter son peuple, en changeant sans motif leurs coutumes bonnes ou indifférentes contre des observances nouvelles, sans racines dans le passé, intolérables par leur nouveauté même. Il eut trop de peine — l'histoire le prouve — à faire accepter les pratiques destinées à sauvegarder la pureté du culte, pour se heurter, de gaîté de cœur, à une tentative aussi impossible qu'inutile.

Que si l'on me demande pourquoi Moïse, au lieu de laisser à ces coutumes leur existence un peu flottante et leurs applications un peu indécises, les a fixées irrévocablement et les a transformées en préceptes divins, en les incorporant à une loi divine, j'avouerai simplement que je ne suis pas entré dans les conseils de Dieu. Conserver au peuple élu son unité, le tenir séparé des nations voisines, toutes infectées par la plus grossière idolâtrie, diminuer le péril des contacts obligés, favoriser la centralisation et par suite la pureté du culte, en fortifiant la cohésion politique et sociale, plier et dompter ces têtes rebelles, toujours prêtes à secouer le joug, telles purent être les vues du législateur inspiré.

Ces considérations nous aident à comprendre la raison d'être de certaines dispositions, dont la présence, dans le code mosaïque, étonne les uns et scandalise les autres : je parle spécialement du divorce (1), de la polygamie (2), du vengeur du sang (3), de l'esclavage (4), du lévirat (5) et de la loi du talion (6).

Moïse n'institue ni la polygamie ni le divorce ; il les rencontre autour de lui et les tolère en les restreignant. Il apporte au divorce deux exceptions et trois garanties. La séduction d'une jeune fille, une fausse accusation contre une épouse, privent à jamais l'homme du droit de divorce avec la personne lésée. L'acte même du divorce tes entouré de formalités qui le rendront nécessairement plus rare : attestation légale par laquelle le mari déclare sa volonté de rompre le mariage, remise de ce document à la femme répudiée, en présence d'un arbitre chargé d'examiner le bien fondé des griefs, défense absolue de renouer le lien conjugal, si la femme, après avoir contracté un nouveau mariage, est répudiée une seconde fois.

Nous devons en dire autant de la polygamie, que Moïse suppose en vigueur, sans jamais la sanctionner positivement.

Pour l'esclavage, tel que Moïse le permet, il diffère bien peu de la domesticité ordinaire et, quand il s'agit d'un Hébreu, il ne se prolonge pas au delà de six ans, sans le consentement exprès de l'intéressé. Ici encore le sage législa-

______

(1) *Deut.*, xxiv, 1-4.
(2) *Ibid.*, xxi, 15.
(3) *Ibid.*, xix, 1-13.
(4) *Lev.*, xxv, 39-46 ; *Deut.*, xv, 12-18; *Ex.*, xxi, 2-11.
(5) *Deut.*, xxv, 5-10.
(6) *Lev.*, xxiv, 19 ; *Deut.*, xix, 21.

teur apporte des correctifs et des adoucissements
à des coutumes invétérées, universellement ré-
pandues, qu'il ne jugeait pas à propos d'abolir
tout à fait. Même dans les points où les lumières
de l'Evangile et la civilisation qui en dérive nous
ont rendus si exigeants, il faut convenir, pour peu
qu'on se pique d'impartialité, que la Loi mosaïque réalisait un progrès énorme sur les législ-
lations contemporaines et franchissait une bonne
moitié de la distance qui sépare le paganisme du
monde renouvelé par Jésus-Christ.

Une loi, même parfaite, peut tolérer quelques
abus, pour éviter des abus plus grands, et nous
savons par saint Paul que la Loi mosaïque n'était
pas parfaite. Elle laisse subsister des usages contraires aux vœux de la nature, mais non à ses
ordres formels, et la meilleure justification de
ces tolérances est précisément contenue dans ce
nom de *tolérances*.

§ 3. — *Les importations étrangères.*

Le problème des emprunts est beaucoup plus
délicat. Dans quelle mesure peut-on et doit-on les
admettre? La question de fait se complique d'une
question de droit : commençons par la dernière.

Ici, il faut l'avouer, les Pères de l'Église nous
mettent à l'aise.

« Ne croyez pas, dit saint Jean Chrysostome,
qu'il fut indigne de Dieu d'appeler les mages au
moyen d'une étoile. Vous condamneriez du même
coup toutes les cérémonies des Juifs, les sacri-

fices, les purifications, les néoménies, l'arche, le temple lui-même. Tout cela doit son origine à la grossièreté des gentils. Dieu, en effet, pour allécher ceux qu'il voulait amener à lui, a consenti à être honoré par le culte rendu jadis aux idoles, se contentant de le perfectionner un peu, afin d'élever insensiblement les hommes à des notions plus sublimes (1). » Au gré d'Origène, Moïse aurait fait un judicieux triage dans les coutumes antiques et, laissant de côté le superflu, n'aurait adopté que l'utile (2). Saint Jérôme est d'avis que le législateur des Hébreux toléra bien des choses par pure condescendance, pour les arracher au culte des faux dieux en leur ôtant tout prétexte d'idolâtrie (3). S'il faut en croire Eusèbe, les Juifs, pendant leur exil en Egypte, s'étaient si fort imprégnés des coutumes de ce pays que Moïse dut souvent y conformer sa loi (4). La pensée de Théodoret est à peu près la même : un code trop contraire aux habitudes contractées en Égypte aurait été pour les fils d'Israël un danger permanent d'infidélité (5). Enfin, Tostat ne paraît pas s'éloigner de la tradition lorsqu'il écrit : « Beaucoup de cérémonies sont communes aux Juifs et aux païens : elles ne furent même accordées à ceux-là que parce qu'elles étaient déjà reçues parmi les gen-

(1) *In Matth. hom.*, VI, 3.
(2) *Cont. Cels.*, V, *passim*.
(3) *In Galat.*, IV, 8.
(4) *Demonstrat. evang.*, I, 6.
(5) *Græcarum affect. curatio*, Serm. VII : *De sacrificiis.*

tils. Les Juifs s'y étaient habitués ; Dieu les toléra après en avoir effacé tout ce qui sentait la superstition (1). » Il est à peine utile d'ajouter que les plus fameux docteurs de la synagogue, en particulier Maïmonide, partagent ces idées.

Un brillant philologue français, l'abbé Ancessy, prématurément enlevé aux études bibliques, publiait en 1876 une très intéressante monographie sur les vêtements du grand-prêtre. C'était un commentaire par les hiéroglyphes du chapitre XXVIII du Lévitique, réputé si obscur. Les ornements du grand-prêtre : le caleçon de lin, la longue tunique, l'éphod, le pectoral, la tiare, étaient comparés pièce à pièce avec les parties correspondantes du costume égyptien. Les analogies sont frappantes. Le jeune savant se proposait d'expliquer de la même façon les textes relatifs à l'arche, au tabernacle, à l'autel des parfums, à la table des pains de proposition ; et, là encore, il aurait vraisemblablement obtenu de bons résultats. L'écueil eût été de pousser plus loin les analogies et de voir l'Egypte un peu partout, dans les rites du sacrifice, dans la hiérarchie sacerdotale, dans l'organisation des fêtes, dans le symbolisme, dans les idées religieuses. Ce fut l'erreur de Kircher et de Spencer, que leur immense érudition n'a pas empêchés de faire fausse route, parce qu'ils semblent avoir déterminé *a priori* le but à atteindre, sans se mettre assez en peine si ce but les rapprochait de la vérité.

(1) *In I Reg.*, VIII.

Il fallait se borner au matériel du culte et, même ici, ne pas forcer les rapports. Les Juifs emmenaient d'Egypte des artisans, orfèvres, tisserands, charpentiers, lapidaires, habitués aux procédés et aux modèles en usage sur les bords du Nil. Pourquoi voudrait-on qu'ils eussent désappris ce qu'ils savaient et appris, dans le désert, ce qu'ils ne savaient pas ? Ils donnèrent au bois, au métal, aux tissus, les formes avec lesquelles une longue pratique les avait familiarisés. Quoi d'étonnant si le tabernacle reproduit en petit le plan d'un temple égyptien, si l'arche ressemble vaguement à la barque sacrée, si les autels offrent une certaine analogie avec ceux que les peintures hiéroglyphiques nous ont fait connaître, si les habits du pontife surtout rappellent les ornements des prêtres de Thèbes ou de Memphis ? Il n'en saurait être autrement. Ces habits, riches et somptueux, étaient les plus propres à donner au culte sa dignité et son éclat, à concilier aux ministres de Dieu la vénération et le respect.

Lors du triomphe du christianisme, des temples païens furent changés en églises, et l'on en construisit d'autres sur ce modèle, sans affecter de se distinguer, jusque dans les accessoires, d'une religion abhorrée. Souvent, à une pratique superstitieuse, on opposa une cérémonie, semblable pour l'extérieur, mais dépouillée de tout caractère idolâtrique, et on réussit à faire tomber la première en désuétude. Dans la fondation des Eglises nouvelles, depuis Rome jusqu'à

Pékin, en passant par l'Angleterre ou la Moravie, que de rites locaux ont eu cette origine !

C'est surtout dans le choix des ornements sacrés qu'agissent les influences extérieures. Les archéologues nous diraient la forme première et les transformations successives de la chasuble, de l'aube, de la dalmatique, de l'étole et de la chape. Si la *penula* était restée le vêtement d'hiver ou de voyage des petites gens, elle ne serait probablement pas devenue notre chasuble ; mais quand, portée par des sénateurs et par des personnes de la plus haute condition, elle acquit plus de finesse et d'ampleur, s'enrichit de franges et de broderies, quand surtout elle affecta cette coupe hiératique, qui la rendit impropre à tout usage profane, elle devint plus apte à servir d'ornement au prêtre, dans les fonctions les plus augustes de la liturgie.

Ce n'est donc ni scrupule de théologien ni préjugé d'apologiste qui me fait repousser ou du moins restreindre la théorie des imitations et des emprunts ; c'est que la religion juive, telle qu'elle ressort du Pentateuque, comparée au culte égyptien, tel que nous le connaissons à l'heure présente, m'offre beaucoup de contrastes et assez peu de rapprochements, et je suis moins frappé de l'accord que des discordances (1).

---

(1) Les Egyptiens accompagnaient tout sacrifice d'une libation de vin et d'une offrande de pain et de miel, placés dans le corps de la victime, pour être consumés avec elle. Chez les Hébreux, l'oblation du levain et du

CHAPITRE II

§ 1. — *Monothéisme rigoureux.*

La grande originalité de la loi mosaïque est son monothéisme rigide, jaloux, scrupuleux. Ce mérite la place infiniment au-dessus de toute œuvre similaire. Les codes de Manou, de Solon, de Lycurgue et, sur les confins de l'histoire et de

miel est rigoureusement interdite : *Nec quidquam fermenti ac mellis adolebitur in sacrificio Domini (Levit.,* II, 11). Pour les Egyptiens comme pour les Hébreux, le pourceau était un animal impur ; néanmoins, par une étrange inconséquence, les premiers l'immolaient aux dieux dans certaines solennités et ne craignaient pas alors d'en manger la chair. Hérodote prétend savoir la raison de cette anomalie ; il est fâcheux qu'il ait jugé inconvenant de nous la dire (*Hérod.,* II, 47 : Οὐκ εὐπρεπέστερός ἐστι λέγεσθαι). En Egypte, on sacrifiait seulement, d'après Hérodote, le bœuf et le mouton — par exception le bouc à Thèbes, où le mouton était sacré — et, parmi les volatiles, l'oie ; on sait que la qualité des victimes était différente chez les Juifs. Comme le sacrifice est une privation, partout l'homme offre à la divinité ce qu'il a de plus cher, c'est-à-dire, dans une société d'agriculteurs et de bergers, les animaux domestiques. De plus, ces animaux doivent être purs ; car tout sacrifice qui n'est pas un holocauste entraîne la communion. Il faut donc s'attendre à trouver presque chez tous les peuples le bœuf et le mouton au nombre des victimes : l'accord, s'il se borne à cela, ne prouve rien. — L'Egypte avait-elle des solennités correspondant à la Pâque, à la Pentecôte, et à la Scénopégie? On n'en sait rien, mais ce n'est pas improbable. En effet, ces trois fêtes, avant d'être inscrites au rituel, l'étaient

la légende, ceux de Fo-hi et de Numa, ont pu être des recueils de lois sagement élaborés, adaptés au temps et au milieu : celui de Moïse est *la loi* même.

Ici, il ne faut point parler d'emprunt ni d'imitation. Nul rapprochement n'est possible. Rien autour de Moïse, ni en Egypte, où tout était Dieu, excepté Dieu lui-même, ni en Mésopotamie, où les divinités de plusieurs races fusionnaient en un syncrétisme bizarre, ni dans le pays de Chanaan, livré aux idoles impures, ni dans le monde européen, où s'élaborait lentement le culte poétique et sensuel de la nature, ni dans les déserts de l'Arabie, peuplés de divinités fantastiques et de génies capricieux, ne pouvait fournir au législateur des Juifs la conception d'un Dieu unique, objet exclusif de toutes les adorations. D'après Renan, il est vrai, les Hébreux auraient dû leur monothéisme à la fréquentation du désert — car « le désert est monothéiste ! » — et à l'esprit borné des Sémites,

dans la nature et dans le cœur de l'homme : les premiers jours du printemps, la moisson des céréales et les vendanges étant des époques indiquées par l'instinct religieux pour demander au ciel la fécondité du sol et le remercier de ses largesses. Aussi trouvons-nous ces fêtes, surtout la première et la troisième, établies chez un grand nombre de peuples. Les Juifs, on le sait, y rattachaient des souvenirs religieux et nationaux qui leur étaient particuliers ; mais il est très possible que ces fêtes elles-mêmes existassent parmi eux avant l'Exode. En tout cas, ce ne sont point ces similitudes générales qui peuvent constituer des imitations, et il faudrait quelque chose de plus caractérisé pour étayer la thèse des emprunts.

incapables « de comprendre, en Dieu, la variété, la pluralité, le sexe ». Le désert était alors muet et l'on ne pensait pas qu'il dut livrer de sitôt ses secrets.

Malheureusement pour les faiseurs de théories, de hardis voyageurs ont depuis fouillé les solitudes de la péninsule arabique, ils en ont rapporté des inscriptions, où abondent les dieux, mâles et femelles : M. Wellhausen peut aligner une file interminable de noms théophores (1) ; ainsi le mirage du monothéisme arabe se dissipe, le désert s'affirme polythéiste, la race sémitique aussi et le problème de la loi mosaïque devient, pour l'exégèse naturaliste, de plus en plus insoluble.

Car il est évident que Moïse fait du monothéisme le plus rigoureux la base et le centre de sa loi. « Je suis le Seigneur ton Dieu, écrit-il en tête du Livre de l'Alliance. Tu n'auras pas d'autre Dieu que moi (2). » — « Quand vous serez arrivés dans la terre promise, dit-il un peu plus tard, gardez-vous de lier avec les habitants du pays une amitié qui serait pour vous une occasion de ruine. Renversez leurs autels, brisez leurs *massébas*, détruisez leurs *aschéras*. Ne faites point alliance avec les indigènes... ne prenez pas leurs filles en mariage, car elle vous induiraient, vous et vos enfants, à partager leur culte idolâtrique (3). »

(1) *Reste arabischen Heidentumes.* 2ᵉ édit. Berlin, 1897.
(2) *Ex.*, xx, 2.
(3) *Ibid.*, xxxiv, 12 *sqq.*

Tel est le programme. Pour le remplir, Moïse va imposer aux siens une foule de prescriptions minutieuses qui leur serviront de préservatif et d'antidote. La loi mosaïque, dans sa pensée la plus intime, peut être définie d'un mot : c'est un remède et une sauvegarde contre l'idolâtrie partout régnante. Qui néglige de l'examiner à ce point de vue ne la comprendra jamais.

Cette opposition voulue, systématique, de la loi juive aux cultes polythéistes n'avait pas échappé aux anciens. Manéthon, qui devait bien connaître l'Egypte puisqu'il était prêtre d'Héliopolis, affirme que Moïse a pris presque en tout le contre-pied des coutumes et des cérémonies égyptiennes (1). Strabon va jusqu'à supposer que l'aversion des Juifs pour les pratiques du culte égyptien a déterminé l'Exode. Moïse, dit-il, ne pouvait souffrir qu'on rendit à de vils animaux l'hommage dû au seul maître de l'univers (2).

Diodore de Sicile s'exprime de même et atteste que la loi juive est odieuse à tout le genre humain précisément parce qu'elle est opposée à toutes les autres constitutions (3). Le témoignage de Tacite est assez connu : Moïse, dit ce grave historien, désireux de s'attacher à jamais les Juifs, leur imposa des observances nouvelles, contraires

----

(1) Dans Josèphe, *Contre Appion*, ɪ : Μάλιστα τοῖς Αἰγυπτίοις εἰθισμένοις ἐναντιούμενα.

(2). *Strabon*, xvɪ, 2-35. Δυσχεράνας τὰ καθεστῶτα.

(3) Dans Photius, *Bibliothèque*, 34. Μισάνθρωπα παράνομα ἔθη.

à celles de tous les autres peuples : *Novos ritus contrariosque ceteris mortalibus indidit.* Tacite n'hésite pas à qualifier ces lois de bizarres, d'infâmes : *Instituta sinistra, fœda* (1). Il est difficile de renchérir sur l'auteur des *Histoires* et des *Annales ;* pourtant Pline décoche aux Hébreux une injure encore plus forte au point de vue païen. C'est, dit-il, une nation insigne par son mépris des dieux : *Gens contumelia numinum insignis* (2).

§2. — *Préservation du monothéisme*

A) Sacerdoce nouveau.

Parmi les moyens mis en œuvre pour conserver au culte toute sa pureté, et au monothéisme toute sa rigueur, nous en trouvons trois principaux : l'établissement d'un sacerdoce hiérarchique confié à la tribu de Lévi, l'unité du sanctuaire et la prohibition de certaines pratiques, ou idolâtriques, ou superstitieuses, ou dangereuses, dans l'état des mœurs et des esprits.

Certainement le sacerdoce juif est antérieur à Moïse. Si les Hébreux, vivant en Egypte en corps de nation, ou du moins groupés par familles, n'avaient pas eu de prêtres, ils auraient constitué une anomalie sans exemple. De par le droit naturel, le sacerdoce appartient au chef de la famille, tant que le culte est domestique ; au chef du clan ou de la nation, quand le culte

(1) Tacite, *Hist.*, v, 4 et 5.
(2) Pline, *Hist. nat.*, xxx, 9.

du foyer devient le culte de la cité ou de l'Etat. Mais, alors, toujours et partout, nous voyons une scission s'opérer entre l'autorité politique et les fonctions religieuses. Le bon sens populaire et une sorte d'instinct avertissent que ce ministère auguste doit revenir à une classe spéciale, libre des soins profanes, exclusivement vouée au service de l'autel, étrangère aux revirements politiques, et placée, par son caractère sacré, au-dessus des agitations humaines.

On ne saurait dire si le sacerdoce prémosaïque était déjà parvenu à cette phase de son développement, s'il appartenait en propre à une famille ou s'il était encore dispersé sur les représentants de toutes les tribus. Les témoignages du Pentateuque sont à ce sujet d'un laconisme désespérant et d'une obscurité qu'on dirait voulue.

Lors de l'arrivée au pied du Sinaï, Moïse reçut de Dieu l'injonction suivante : Avertis le peuple de se tenir en dehors des limites tracées autour de la montagne, car une curiosité déplacée lui coûterait la vie. Enjoins de même aux prêtres, qui ont accès auprès du Seigneur, de se purifier, s'ils veulent échapper à mes coups. — A ces ordres, Moïse oppose une difficulté bien singulière en apparence. Il objecte que le peuple ne peut en aucune façon gravir le Sinaï. C'était bien convenu et il est impossible de saisir le sens de ces paroles, si l'on ne suppose que le mot peuple, employé par Moïse, n'englobe aussi les prêtres, qui, dans le premier plan, devaient l'accompagner. Aussi la réponse

divine confond-elle dans une même défense
prêtres et laïques : Va, descends de la montagne,
mais que les prêtres et le reste du peuple n'aient
garde de franchir les barrières (1).

Que s'était-il passé dans l'intervalle ? Les prêtres, jusque-là détenteurs du sacerdoce, auraient-
ils profité de l'absence momentanée de Moïse pour
soulever et ameuter le peuple ? Auraient-ils mé-
prisé les injonctions divines ? Nous en sommes
réduits aux conjectures. Quoi qu'il en soit, Dieu
sanctionne le désir de son serviteur ; les prêtres
dégradés sont confondus avec le peuple ; à partir
de ce jour ils ne se distingueront en rien des simples
laïques.

De retour au bas du Sinaï, porteur de la révélation qui sera le Code de l'alliance, Moïse dresse un
autel et offre des victimes à Jéhovah. Or, ce n'est
point aux prêtres, c'est à des jeunes gens, choisis

____

(1) *Ex.*, xix, 22 : *Sacerdotes quoque, qui accedunt ad
Dominum, sanctificentur ;* 24 : *Sacerdotes autem et popu-
lus ne transeant terminos nec ascendant ad Dominum.* —
Malgré saint Augustin, la plupart des commentateurs
anciens et modernes ont parfaitement reconnu qu'il ne
pouvait être question ici des prêtres de la tribu de Lévi
et de la famille d'Aaron, institués plus tard, comme le
texte sacré ne permet pas d'en douter. Estius, presque
seul, après saint Augustin, pense qu'il s'agit des fils
d'Aaron, appelés prêtres par anticipation. Ce sens est
trop peu naturel et trop forcé pour qu'on s'y arrête ;
aussi Nicolas de Lyre, Tostat, Cajétan, Bonfrère, Méno-
chius, Corneille de la Pierre, Jansénius, Calmet, Mal-
venda, Silveira, Mariana, Crelier, de Hummelauer et
d'autres se prononcent sans hésiter en faveur du sacerdoce prémosaïque.

dans chaque tribu, qu'il s'adresse pour l'assister. Lui-même remplit les fonctions sacerdotales ; il verse une moitié du sang devant l'autel, et avec l'autre asperge le peuple et le livre. Les prêtres sont traités comme s'ils n'existaient pas.

Désormais leur réprobation est consommée. Bientôt Aaron sera élu, consacré, mis en possession du nouveau tabernacle qui va remplacer l'ancien pavillon, englobé dans la disgrâce de ses desservants (1).

En tout cas, la création d'un sacerdoce nouveau, tout dévoué à Moïse, n'ayant dans son passé aucune tare, d'une fidélité éprouvée à Jéhovah (2), intéressé de plus à continuer l'œuvre

---

(1) Bien avant la prescription (*Ex.* xxv, 8 — xxvi, 1) et la construction (*Ex.*, xxxvi) du tabernacle mosaïque, il existait un tabernacle, où un *gomor de manne* avait été déposé en souvenir du miracle (*Ex.*, xvi, 33-34). On peut supposer avec vraisemblance que le sacrifice au veau d'or eut lieu près de ce tabernacle, qui était condamné en principe, dès le rejet de l'ancien sacerdoce, et devait céder la place à un autre plus somptueux (*Ex.*, xxvi). L'acte d'idolâtrie raconté au chap. xxxii aurait poussé Moïse à brusquer les choses. Il fait emporter hors du camp ce tabernacle, cause indirecte d'apostasie, le met en quarantaine (*Ex.*, xxxiii), et à partir du premier jour de la seconde année, lorsque le nouveau tabernacle est inauguré solennellement (*Ex.*, xl), les regards se détournent avec dédain du pavillon usé et flétri qui a eu quelque temps l'honneur d'être le centre religieux de la nation.

(2) Qu'on se souvienne de la conduite irréprochable des Lévites lors de l'adoration du veau d'or. Moïse leur rend témoignage : *Consecrastis manus vestras hodie Domino... ut detur vobis benedictio* (*Ex.*, xxxii, 29).

du libérateur, était un acte de haute sagesse autant que d'habile politique. L'ancien sacerdoce avait démérité du peuple, il s'était condamné et dégradé lui-même, et par ses défaillances en Egypte (1), et par son antagonisme aveugle contre l'homme suscité de Dieu pour sauver Israël. Il eût été malaisé de lui faire accepter les changements de rituel, jugés nécessaires à l'épuration du culte, et on pouvait toujours craindre de le voir tomber dans ses anciens errements. Si l'institution du sacerdoce lévitique fut parfois impuissante à maintenir le monothéisme rigide que Moïse avait en vue, si l'exemple des nations voisines, le spectacle de leurs religions faciles et l'attrait de leurs cultes sensuels entraînèrent si souvent les Hébreux loin du droit chemin, du moins Jéhovah eut toujours ses fidèles qui se groupaient autour du Temple et des enfants de Lévi. C'était le *reste*, la semence, l'espoir d'Israël, et c'est sur cette tige que devait germer le salut.

B) Lieu du culte unique.

Pendant son séjour en Egypte, Moïse avait pu constater de ses yeux les inconvénients des sanctuaires locaux. Chaque nome, chaque ville, presque chaque bourg, avait son dieu, toujours un peu jaloux des autres. On adorait Râ à Héliopolis, Amon à Thèbes, Phtah à Memphis, Hathor à Dendérah, Osiris à Mendès. Grâce à la rivalité des villes et des provinces, les dieux protecteurs

____

(1) *Jos.*, XXIV, 14.

de chacune devenaient trop facilement frères
ennemis. Il y avait entre eux des alliances, des
mariages, des trèves, mais aussi des querelles et
des batailles, tout comme parmi les simples
mortels.

Cet abus s'aggravait encore par la multiplicité
des images et par le culte de certains animaux,
considérés comme le symbole, le support ou l'in-
carnation de telle ou telle divinité. Il arrivait
ainsi que le dieu se dédoublait, se fractionnait,
jusqu'à perdre conscience de son identité. Le soleil matinal n'était plus le soleil de midi, ni ce
dernier le soleil couchant. Un même dieu, adoré
dans divers sanctuaires sous différents emblèmes,
finissait par se distinguer de lui-même et cette
génération spontanée n'avait pas de bornes.

Le culte aisément s'arrête à l'image, au symbole animé. De relatif il devient absolu. De là ce
penchant au fétichisme et à l'animisme, si frappant
dans la religion égyptienne, et qui certainement
infecta le vulgaire, s'il est vrai que les esprits
cultivés surent s'en préserver. C'est pour obvier
à tous ces désordres, pour empêcher la multi-
plication des dieux, pour arrêter le morcellement,
l'émiettement de Jéhovah, que Moïse décrète un
sanctuaire unique, c'est-à-dire un centre pri-
vilégié et obligatoire du culte national, où les
prêtres seront chargés de conserver intacts les
rites légitimes, les livres sacrés, et le dépôt des
traditions prophétiques. Dans la pensée du législateur, cette conception a pu suivre des phases

diverses, subir une évolution ; mais dans les trois codes successifs, elle est, sous une forme plus ou moins absolue, à la base de la législation mosaïque. Dans le Code de l'alliance comme dans le Deutéronome et dans le Code sacerdotal, nous trouvons la prescription du triple pèlerinage annuel au lieu unique choisi par Dieu (1), et c'est en quoi consiste essentiellement l'unicité du sanctuaire.

C) Lutte contre la superstition.

Le sacerdoce lévitique et l'unité du sanctuaire étaient déjà deux barrières puissantes opposées à l'idolâtrie ; mais la superstition pouvait facilement s'infiltrer dans le culte si l'on n'avait soin d'épurer le rituel, d'en écarter les pratiques, peut-être indifférentes en elles-mêmes, mais dangereuses en raison du milieu et des circonstances, enfin d'en fixer les moindres détails, pour en prévenir autant que possible les abus et les variations. Ce fut là, on ne l'a pas assez remarqué, la grande préoccupation de Moïse, et c'est l'un des mérites principaux de son œuvre.

Saint Thomas, suivant en cela la doctrine de Guillaume d'Auvergne, pose en principe que toutes les lois de Moïse doivent être fondées en raison (2). Si la raison d'une loi nous échappe, nous sommes autorisés à penser qu'elle vise une

---

(1) *Ex.* XXIII, 17 ; XXXIV, 23 ; *Levit* XVII, 1-9 ; *Deut.* XVI, 16.

(2) *Summa Theol.*, 1^a, 2^{ae}, CII, a. 5.

superstition. Il en cite d'assez nombreux exemples, comme : « Ne faites pas cuire le chevreau dans le lait de sa mère. — Ne mêlez pas dans votre champ des semences d'espèces différentes. — N'attelez pas le bœuf et l'âne à la même charrue, — Si vous rencontrez un nid en passant, n'enlevez pas la mère en même temps que ses petits. »

Assurément, plusieurs de ces injonctions peuvent s'expliquer par des raisons naturelles ou symboliques ; mais le principe de saint Thomas paraît juste et les applications ne manquent pas.

DEUXIÈME PARTIE

L'évolution progressive de la Loi.

—

CHAPITRE PREMIER

DU VIVANT DE MOÏSE

Toute loi, de sa nature, est éternelle ; c'est son essence et sa définition. Mais nous savons par expérience ce que durent ces éternités : souvent une législature à peine ; quelquefois moins encore. La perpétuité de la loi sous-entend toujours cette clause : jusqu'à ce qu'une autorité compétente en décide autrement.

Un législateur ne s'interdit pas de mieux faire ; ce serait manquer de sagesse. Or, les circonstances changeant continuellement autour de lui, il peut faire face à des besoins nouveaux par des prescriptions partiellement ou diamétralement opposées aux premières. Peu à peu le code le plus mince grossit en volume, le volume se multiplie et devient bibliothèque. De la sorte, chez tous les peuples, la science du droit est une des plus étendues et des plus complexes ; car des articles de loi peuvent rester écrits à côté des articles qui les abrogent ; on dit alors qu'ils sont *lettre morte*, expression aussi juste que pittoresque. Les canonistes savent assez combien il est parfois malaisé de distinguer les lois mortes des lois vivantes, les paragraphes encore en vigueur des titres tombés depuis longtemps en désuétude.

Il ne faudrait donc pas être surpris de rencontrer dans le Pentateuque un phénomène analogue, des lois sucessives qui se complètent, se modifient et se transforment, et ne laissent pas d'être écrites à leur place chronologique, parce que le livre où elles sont consignées est un ouvrage d'histoire, aussi bien qu'un recueil de lois. Il faudra s'en étonner d'autant moins que la législation mosaïque n'est pas l'œuvre d'un jour ; elle embrasse une période de quarante ans, et cela à l'heure où les éléments hétérogènes d'un peuple nouveau, jetés dans un creuset commun, bouillonnent et s'amalgament.

§ 1. — *Les trois codes.*

Un simple coup d'œil sur le Pentateuque nous y fait remarquer trois séries de lois, dont le caractère est bien tranché, parce qu'elles visent trois états de société différents ; mais il faut nous défaire pour cela de l'habitude où nous sommes de considérer les cinq livres de la Thora comme cinq parties distinctes. Si nous mettons de côté la Genèse, dont l'unité de plan est évidente, et le Deutéronome, dont l'unité n'est pas contestée encore, du moins en ce qui concerne la partie législative, nous sommes en présence d'un écrit, divisé matériellement en trois sections, mais sans ligne de démarcation fixe et sans solution de continuité. Le récit de l'Exode se poursuit dans le Lévitique, et il est continué dans les Nombres, sans que nous puissions assigner à la séparation actuelle d'autre cause que le désir d'avoir trois livres de longueur pas trop inégale, et pouvant tenir aisément dans un rouleau de dimensions moyennes (1). Si l'on voulait avoir une division logique, il faudrait plutôt terminer l'Exode après la première législation du Sinaï ; le reste des trois livres formerait un ouvrage spécial qu'on pourrait intituler : Organisation du culte.

(1) L'Exode, le Lévitique et les Nombres réunis formeraient un *livre* d'une étendue démesurée. La division opérée, l'Exode et les Nombres sont sensiblement égaux entre eux : ils tiennent le milieu entre la Genèse et le Deutéronome. Le Lévitique est un peu plus court. Les chiffres suivants expriment à peu près les rapports de longueur entre les cinq livres : 13, 11, 8, 11, 9.

Le Pentateuque, ainsi partagé, nous présente trois groupes de lois, d'un caractère assez distinct, qu'il nous est permis d'appeler le Code de l'alliance, le Code sacerdotal et le Deutéronome (1) ; et, si nous les comparons entre eux, nous voyons qu'il y règne une gradation de progrès.

On a vu précédemment ce qu'était le *Code de*

(1) Le *Code de l'Alliance* comprend les chapitres xx-xxiii de l'Exode. Le nom est justifié par ces paroles de Moïse : « Assumens (Moyses) *Volumen Fœderis* legit audiente populo » (*Ex.*, xxiv, 7.) On peut y joindre comme supplément un passage (*Ex.*, xxxiv, 10-26) où l'alliance est confirmée : « Scribe tibi verba hæc, quibus et tecum et cum Israel pepigi fœdus. » (*Ex.*, xxxiv, 27.)

Le *Code sacerdotal* (*Priestercodex, Priests' Code*) est une appellation mise en vogue par les critiques contemporains pour remplacer le Livre des Origines d'Ewald et l'Ecrit fondamental de Nöldeke. Il n'y a pas d'inconvénient à la conserver, car en somme elle est assez exacte puisqu'elle désigne cette section *a parte potiori*. Nous l'emploirons de préférence à celle de Lévitique, parce que les lois relatives à l'organisation du culte, à la pureté et à la sainteté légales, débordent le Lévitique ; elles comprennent en gros, *Ex.* xxv-xxx, *Ex.* xxxv-xl, le Lévitique tout entier, *Num.*, i-x, les chap. des Nombres xv, xvii-xix, xxviii-xxx, xxxiv-xxxv. Le reste du livre des Nombres est rempli par des récits.

Le *Deutéronome* tire son nom de Deut. xvii, 18 : « Describet (rex) Deuteronomium legis hujus in volumine. » Saint Jérôme, à l'imitation des Septante, traduit par *Deutéronome* le mot hébreu qui signifie *copie de la loi* (*Mischneh*). Ce nom a prévalu pour désigner le cinquième livre du Pentateuque et il doit être maintenu, car il exprime bien le caractère du Deutéronome. C'est une loi qui développe en quelques points et résume en d'autres la double législation précédente, celle du Code de l'Alliance et celle du Code sacerdotal.

l'alliance : un précis élémentaire à l'usage d'un peuple en formation, à peine sorti de l'enfance, absolument dépourvu d'institutions politiques, et à peu près d'institutions sociales, mais en possession d'un dogme élevé, d'un culte épuré et d'une morale en rapport avec la perfection de son monothéisme.

Le *Code sacerdotal* poursuit l'organisation du culte, à peine esquissée dans le Livre de l'alliance. Ce n'est pas un tout homogène ; c'est un agrégat de règlements divers, promulgués au pied du Sinaï, dans une période de onze mois. Chacun de ces groupes, tout en convergeant vers un but commun, a son individualité et sa physionomie.

§ 2. — *Besoins d'un peuple hétérogène.*

Ne perdons pas un instant de vue la composition hétérogène du peuple qui suivait Moïse. La famille patriarcale ressemblait fort à la *gens* romaine : elle traînait à sa suite un nombre d'esclaves, d'affranchis et de clients, proportionné à sa richesse et à sa puissance. Abraham, au besoin, pouvait armer trois cent -dix-huit serviteurs ; Esaü, à lui seul, n'en comptait pas moins ,de quatre cents : c'était, avec les femmes et les enfants, un petit clan d'au moins un millier de personnes. Qui nous dira combien d'étrangers, unis à lui par les liens du sang et de l'amitié, ou par un engagement mutuel, accompagnèrent Jacob en Egypte, outre les soixante-dix descendants énumérés au chapitre XLVI de la

Genèse ? Qui nous dira surtout combien d'Asiatiques, chassés de leur pays par la famine ou la
guerre civile, vinrent se joindre à eux au temps
de la prospérité et de la faveur ? Les monuments
égyptiens nous montrent ces *Amou*, ces émigrés
d'Asie, aux traits sémitiques si accusés, franchis-
sant par bandes la frontière, pour chercher dans
le Delta la sécurité et l'abondance : il était naturel
qu'ils se joignissent de préférence à ceux qui étaient
leurs voisins et qu'ils regardaient comme des
compatriotes, presque comme des frères.

Dès qu'ils étaient circoncis, des alliances réci-
proques mêlaient leur sang à celui des Hébreux,
et, au bout de quelques générations, après des
croisements multiples, ils ne se distinguaient en
rien des enfants de Jacob. A l'origine, les formalités exigées pour cette naturalisation devaient
être simples ; peut-être la circoncision suffisait-
elle ; c'est du moins l'impression que laisse l'histoire
si connue des Sichémites : « Faites-vous circon-
cire, leur disaient Lévi et Siméon ; alors nous
vous donnerons nos filles en mariage et nous re-
cevrons les vôtres ; nous habiterons ensemble et
ne formerons qu'un seul peuple (1). » Pour donner dans le piège, il fallait que le prétexte fût
vraisemblable. Plus tard, Moïse restreindra les
facilités d'agrégation à la race élue. L'Egyptien
et l'Iduméen y seront reçus dès la troisième génération ; mais l'Ammonite et le Moabite n'y seront

______

(1) *Gen.*, xxxiv, 15-16.

point admis même à la dixième ; l'eunuque et
l'enfant né d'une union illégitime ou incestueuse
en seront également bannis (1). Il en sera de
même, à plus forte raison, de l'Amalécite (2), et
aussi, naturellement, du Chananéen, voué à
l'extermination. C'était là, bien entendu, le droit
commun, et des circonstances ou des mérites
exceptionnels pouvaient justifier un privilège.
Ainsi l'Ammonite Achior, touché de la grâce,
reçoit la circoncision et il est aussitôt incorporé
au peuple juif, lui et sa famille (3).

Ces étrangers naturalisés s'agrégeaient à une
tribu dont ils faisaient légalement partie. Ils
étaient Hébreux, comme saint Paul était citoyen
romain, et même davantage, car ils n'avaient pas
seulement droit de cité ; le mélange du sang
les rendait bientôt membres d'une même famille, tandis que la profession d'une même foi
religieuse les soumettait à une même autorité
spirituelle et les constituait membres d'une même
théocratie. Mais, dans les débuts surtout, c'était
une sorte de population flottante, sujette à un flux
et à un reflux perpétuels. Entre les deux recen-
sements consignés au livre des Nombres (4),
c'est-à-dire dans un intervalle de trente-huit ans,
alors que la population totale des tribus reste à
peu près stationnaire, celle de Manassé gagne

---

(1) *Deut.*, xxiii, 1-8.
(2) *Ibid.*, xxv, 17-19 ; *Ex.*, xvii, 8-16.
(3) *Judith*, xiv, 6.
(4) *Num.*, I, et *Num.*, xxvi.

vingt mille cinq cents combattants et augmente
son effectif de soixante-cinq pour cent ; par
contre, celle de Siméon perd trente-sept mille
cent guerriers sur cinquante-neuf mille trois
cents et se trouve, pour ainsi dire, réduite à rien.
D'autres chiffres étonnent encore ; ils s'expliquent
de la façon la plus naturelle par le mouvement de
cette population instable dont le centre de gravité
se déplace sans cesse. Le nombre réduit des enfants de Lévi fait contraste avec celui des autres
tribus : il ne se monte qu'à vingt-deux mille individus mâles, qu'à huit mille cinq cent quatre-
vingts hommes de trente à cinquante ans. C'est
à peine le quart de la moyenne. Peut-être, pour
le service de l'autel, exigeait-on la descendance
réelle, sans se contenter de l'appartenance légale (1).

Il y avait encore dans le camp une foule d'étrangers proprement dits, qui n'avaient pas encore
reçu la circoncision, ou, ce qui augmentait la con-
fusion, n'avaient reçu que la circoncision égyptienne : émigrés asiatiques de fraîche date, Egyptiens que l'intérêt ou l'amitié poussaient à partager la fortune des Hébreux, nomades du Sinaï
attirés par l'espoir du butin. Cette multitude bi-
garrée avait ses divinités, ses croyances, ses rites,
ses usages variés à l'infini. Plusieurs même des
nouveaux prosélytes avaient obéi plutôt à la mode,
à l'entraînement, à des considérations d'intérêt,

-----

(1) *Ibid.*, iii, 39, et iv, 48.

qu'à des convictions raisonnées (1). En public, ils se conformaient à la religion officielle ; en secret, ils gardaient leurs dieux et leur culte. Qu'on pense aux conversions plus ou moins spontanées des Maures et des Juifs, dans l'Espagne du xve siècle, et à la facilité avec laquelle ils retombaient dans leurs erreurs, quand la crainte de l'Inquisition ne les retenait plus.

Il fallait fondre et assimiler cette masse disparate, la dompter, l'assouplir, la, convertir à Dieu. Ce fut peut-être une des causes qui firent suspendre le rite de la circoncision durant tout le séjour du peuple au désert. On a donné de ce fait des explications peu vraisemblables, et l'on ne saurait admettre une négligence coupable de toute la nation, négligence que Moïse n'aurait point tolérée, tant le précepte était formel et l'obligation rigoureuse. C'était plutôt une mesure politique, approuvée par Dieu, féconde en résultats pour l'avenir, et qui avait, dans le présent, le caractère d'un châtiment mérité. Que signifieraient autrement ces paroles de Josué, lorsqu'après avoir franchi le Jourdain il eut circoncis les Iraélites avec des couteaux de silex, conformément à l'usage antique ? « Aujourd'hui je vous ai ôté l'opprobre de l'Egypte. » Cela ne veut pas

____

(1) *Ex.*, xii, 38. « Sed et vulgus promiscuum innumerabile ascendit cum eis ». L'hébreu a seulement *'ēreb rab*, « plebs multa ». Ici *'ēreb* désigne en bloc tous les étrangers qui, ailleurs, sont divisés en trois catégories et opposés aux indigènes, *'ezrāch*. Le *nŏkrî* était

dire « l'opprobre contracté par vous en Egypte »,
car, au contraire, tous ceux qui étaient nés en
Egypte étaient circoncis, seuls ceux qui avaient
vu le jour dans le désert ne l'étaient pas ; ni « l'opprobre qui souille les Egyptiens », car la circoncision était commune en Egypte, au moins dans les
hautes classes ; mais bien « ce que les Egyptiens regardent comme un opprobre, ce qui vous avilis-
sait à leurs yeux » ; en effet, chez les Egyptiens,
impur et incirconcis étaient deux mots synonymes ; ou plutôt c'était un seul et même terme
ama, chargé de ces deux acceptions. Grâce à
cette précaution, la fusion des races put s'opérer
sans secousse ; les éléments ethnographiques
divers avaient été broyés et mêlés ensemble ; un

l'étranger dans toute la force de terme, *alienigena ;* s'il
était au milieu du peuple élu, il ne s'y trouvait qu'en
passant, pour son commerce ou ses affaires. Il n'est pas
toujours facile de voir une distinction entre le *tōshūb*,
« inquilinus », et le *gēr*, « peregrinus » ; la distinction
doit pourtant exister, puisque ces deux mots sont sou
vent accolés pour exprimer ensemble tous ceux qui, ré-
sidant en Israël, n'y ont pas droit de cité. S'il faut s'en
rapporter à l'étymologie, le *tōshūb* (de *iāshab*, habiter)
avait fixé son domicile perpétuel dans la terre promise
comme esclave, tributaire, etc. ; le *gèr* (de *gūr*, voyager,
« peregrinari ») y demeurait à un titre plus temporaire.
    Dans le camp d'Israël, ce sont tous ces étrangers qui
fomentent les troubles et les révoltes. C'est un Egyptien,
né d'une Juive, qui blasphème le nom de Jéhovah et est
condamné à la lapidation *(Lev.,*xxiv,10-14). C'est la tourbe
des étrangers qui donne le signal des murmures contre
Moïse *(Num.,* xi, 4). Le *ăsafsuf* « vulgus promiscuum »,
mentionné ici, paraît bien être identique au *'ĕreb rab* de
l'*Exode,* rendu de même par saint Jérôme.

signe sacré, le sceau d'une commune foi, les réunissait ; les souvenirs de la circoncision profane, de la circoncision égyptienne, étaient effacés.

On comprend les ménagements et les actes de vigueur que dut employer tour à tour Moïse pour réprimer, pour discipliner cette foule indocile et volage, ces Hébreux si enclins à imiter les pratiques superstitieuses de leurs voisins, ces prosélytes plus ou moins sincères, si prompts à retomber dans les errements qu'ils n'avaient quittés souvent que par complaisance ou par intérêt, ces étrangers qui avaient encore dans leur mobilier des idoles auxquelles ils rendaient hommage, dans le secret de leur cœur, prêts à les adorer publiquement, quand ils le pourraient sans danger.

On comprend aussi pourquoi Moïse s'attache, avec tant d'insistance, à déraciner la superstition, à proscrire des usages inoffensifs en eux-mêmes mais susceptibles d'abus. On s'explique enfin pourquoi il a donné force de loi à certaines coutumes, qui auraient pu conserver leur existence flottante et leur application indécise. Il était guidé par le besoin d'unifier un peuple, encore peu homogène et qui menaçait de se disperser de nouveau, s'il n'était fortement lié aux institutions théocratiques.

§ 3. — *Prescriptions relatives à l'autel.*

C'est surtout dans les prescriptions relatives à l'autel que l'évolution de la loi mosaïque est remarquable et que les influences extérieures se font le plus sentir.

Le Livre de l'Alliance prescrivait l'unité de sanctuaire, mais non l'unité d'autel. Les dispositions qui ont trait au sanctuaire (1) paraissent nouvelles et contiennent en germe le principe de la théocratie : celles qui regardent l'autel (2), ou plutôt les autels, semblent l'écho du droit antique, du droit patriarcal.

Ainsi il est permis d'ériger partout un autel, ou, pour mieux dire, il n'est défendu de l'élever nulle part, pourvu qu'on s'astreigne aux conditions suivantes :

1° Que l'autel soit en terre ou en pierre brute, afin de garder son caractère improvisé et transitoire, et de se distinguer de la sorte de l'autel érigé au sanctuaire central, autel qui pourra être en métal ou en pierres taillées ;

2° Que Dieu en ait choisi lui-même l'emplacement ; car un culte n'est agréable à Dieu qu'autant qu'il le commande ou l'accepte ; il est donc nécessaire qu'il fasse connaître aux hommes sa volonté par un miracle de sa puissance, par une grâce extraordinaire, ou par la voix de ses représentants attitrés, anges ou prophètes ; et voilà

______

(1) *Ex.*, xxiii, 14-19. La loi institue le *hāg*, fête solennelle, célébrée en corps de nation autour d'un sanctuaire central, emportant par conséquent l'obligation du pèlerinage, pour les citoyens éloignés du sanctuaire. C'est, pour l'usage et l'étymologie, le *hadj* annuel des Arabes à la Mecque.

(2) *Ex.*, xx, 24-26.

ce qu'il appelle *faire mémoire de son nom*. Dieu promet de venir près de ces autels, mais il n'y descendra qu'en passant ; au contraire, il habitera dans son sanctuaire et y placera à jamais son nom, son cœur et ses regards (1).

A peine le Code de l'Alliance était-il promulgué solennellement (2), que le peuple, impatienté du nouveau séjour de Moïse sur le Sinaï, oublia ses serments et adora le veau d'or. Peut-être l'ancien sacerdoce, menacé de déchéance, faisait-il un suprême effort pour conserver son rang et ses privilèges. Peu après, l'audace de Nadab et d'Abiu, offrant un *sacrifice* étranger (3), a tout l'air d'être une tentative d'émancipation du rituel mosaïque. L'autorité du législateur périclitait, l'avenir même du monothéisme et de la théocratie était en danger. Il fallait prendre des mesures radicales pour que l'idolâtrie, après avoir été pratiquée clandestinement, ne finît par s'afficher au grand jour et n'infectât le peuple fidèle. De là, ces deux articles du Code sacerdotal (4), dont la

(1) Il y avait primitivement une troisième clause, celle de ne pas monter à l'autel par des degrés. Elle était commandée par la décence, tant que les prêtres furent vétus à l'égyptienne ; elle devint sans objet, peu de temps après, quand Moïse eut assigné aux nouveaux prêtres un costume plus modeste (*Ex.*, xxviii, 42-43, et xxxix, 27). Dès lors elle fut considérée comme abrogée et on n'en tint plus compte : nous savons que des degrés conduisaient à l'autel de l'ancien Temple.

(2) *Ex.*, xxiv, 3-8.
(3) *Lev.*, x, 1.
(4) *Lev.*, xvii, 1-9.

rigueur, à première vue, étonne et déconcerte :

1° Tout individu, étranger ou indigène, qui sacrifiera à un autre dieu que Jéhovah sera puni de mort ; 2° tout Israélite qui abattra, même dans un but profane, un des animaux propres au sacrifice sans l'amener devant le Tabernacle, pour y être immolé à Jéhovah par le sacerdoce lévitique, sera passible à la même peine.

Nous ne savons si Moïse ne relâcha pas un peu de sa rigueur, quand le danger d'idolâtrie devint moins pressant. En tout cas, le second article de cette loi ne pouvait être que temporaire ; en dehors d'une agglomération d'hommes groupés dans un rayon restreint, il était inapplicable. Aussi, quand le peuple va franchir le Jourdain, Moïse l'abroge-t-il expressément (1). Tuer pour son usage les bœufs, les chèvres et les moutons, sans les offrir en sacrifice, est une permission qui va de soi, et nul législateur sensé ne s'aviserait de faire cette concession, s'il ne s'agissait de révoquer une mesure antérieure d'un caractère insolite.

En résumé, le Code de l'Alliance sanctionne l'unité du sanctuaire et permet la pluralité des autels.

Le Code sacerdotal prohibe les autels multiples et défend en outre aux Israélites toute immolation profane des animaux propres aux sacrifices.

Le Deutéronome abroge ce dernier article, proclame l'unité d'autel et de sanctuaire, à partir

-----

(1) *Deut.*, xii, 8-22.

d'une époque que doit déterminer le libre choix de Dieu, et, pour l'intervalle, ne spécifie rien.

D'autres institutions encore, l'année sabbatique, les esclaves hébreux, les redevances lévitiques et sacerdotales, le droit d'asile, nous permettraient de constater dans la législation une évolution analogue. Mais le principe est le même et il n'entre pas dans notre plan d'examiner tous les alentours de notre sujet.

CHAPITRE II

APRÈS MOÏSE

§ 1. — *Moïse seul législateur divin.*

Moïse une fois disparu, la loi fut-elle pétrifiée sans retour et ne garda-t-elle que l'alternative de subsister ou de périr en bloc ? Josué, les juges, les prophètes suscités de Dieu pour sauver, pour instruire le peuple, n'eurent-ils aucune part à la puissance législative ? Leur rôle fut-il purement exécutif ? Telle est la question qu'il nous faut aborder maintenant.

A priori rien ne nous permet d'incliner d'un côté plutôt que de l'autre ; le oui et le non se font équilibre ; la réponse dépend exclusivement de la volonté de Dieu : car une loi peut être abolie, étendue ou modifiée, par l'autorité dont elle émane, et tout prophète est l'organe de Dieu comme Moïse en était le héraut.

Il faut l'avouer cependant, deux faits semblent, de prime abord, contredire l'expansion posthume de la loi mosaïque.

En premier lieu, il n'existe pas, dans tout l'Ancien Testament, une seule loi dont on puisse dire avec certitude : Cette loi est une loi divine, et ce n'est pas Moïse qui l'a promulguée. Les rois d'Israël et de Juda firent des règlements et des statuts pour assurer l'ordre public et le bien-être du peuple : mais cette législation ne prétendait pas à une origine céleste. Les prophètes étaient regardés justement comme les messagers du ciel, mais nous ne voyons pas qu'ils aient ajouté un seul article au code mosaïque ; et, s'ils dérogeaient quelquefois ou faisaient déroger aux prescriptions du Sinaï, ces mesures avaient un caractère essentiellement transitoire et personnel. C'étaient des dispenses, des préceptes peut-être, ce n'étaient pas des lois.

D'un autre côté, les Juifs ne paraissent jamais avoir reconnu à un homme, fût-il prophète, la mission de reviser et de compléter le code mosaïque. La grande synagogue, en canonisant le livre d'Ézéchiel, ne tient aucun compte des plans de restauration religieuse où ce grand prophète semble contrevenir aux dispositions de Moïse. Il est vrai, la prétendue *Thora* d'Ezéchiel (ch. XL-XLVIII) n'est qu'une fiction et un rêve des rationalistes ; ce n'est pas un codicille à coudre au testa-

ment de Moïse, ce n'est pas un plan de réforme
juive : c'est la prophétie d'un avenir éloigné, c'est
le symbole du passage de la loi mosaïque à la loi
de grâce, c'est, sous des couleurs apocalyptiques
dont saint Jean s'inspirera dans ses visions de
Patmos, le tableau imagé et vivant du monde
régénéré par la foi ; aussi, pour écarter tout
danger de méprise, s'y mêle-t-il à chaque page
des traits où l'allégorie saute aux yeux, car, pris
à la lettre, ils seraient le comble de l'impossible
et de l'absurde.

Faudra-t-il donc affirmer que la Loi de Moïse,
sujette de son vivant au flux et au reflux du progrès, s'est subitement coagulée et cristallisée à
sa mort? Cette conclusion dépasserait les pré-
misses. En dehors des remaniements voulus d'une
œuvre, il y a les retouches inconscientes.

§ 2. — *Changements par interprétation.*

Toute loi, même la plus explicite et la mieux
libellée, donne lieu dans son application à des diffé-
rences d'interprétation, à des divergences de vues
infinies. Nos tribunaux le savent bien. Une foule
de cas particuliers ne sont pas mentionnés dans
le texte le plus clair en apparence. Doit-on les y
comprendre ou les en exclure ? Il faut, avant ré-
pondre, procéder par analogie, en prenant pour
guide l'équité et le bon sens. Moïse, qui prévoyait
ces difficultés, avait institué, non point proprement une cour d'appel, moins encore un tribu-
nal de cassation, mais une sorte d'arbitrage su-

prême destiné à éclairer les juges locaux, avant le prononcé de leur sentence, sur le sens de la loi, sa portée et ses limites : « Si une cause vous paraît trop difficile à juger... rendez-vous au lieu choisi par le Seigneur, allez trouver les prêtres de la tribu de Lévi et le juge qui sera pour lors, et prenez leur avis... Vous devez agir conformément à leur interprétation de la *Thora* et selon la sentence qu'ils porteront, sans décliner à droite ni à gauche. L'orgueilleux, qui aurait la présomption de désobéir au prêtre constitué en ce lieu pour servir Jéhovah, ou bien encore au juge, serait digne de mort (1) ! »

Dieu, sans doute, ne promettait point par là l'infaillibilité au prêtre et au juge décidant en dernier ressort : il établissait seulement un recours suprême prononçant sans appel. L'ordre public, la paix des familles et même la sécurité des individus exigent qu'il y ait des sentences définitives dont l'autorité soit respectée de tous ; autrement les procès ne finiraient point et les dissensions seraient éternelles.

On peut supposer que les prophètes furent consultés aussi plus d'une fois sur le sens d'une loi controversée : « Seigneur, dit la Samaritaine à

---

(1) *Deut.*, XVII, 8-12. Le texte emploie ici une expression bien remarquable. Littéralement : *Juxta directionem qua dirigent te* ou : *Juxta instructionem qua instruent te.* Le mot *thora*, loi, de *iārāh* (instruire, diriger) signifie : instruction, direction ; de sorte que l'action du législateur et celle de l'interprète autorisé de la loi sont exprimées par la même racine. Cf. DRIVER, *Deuteronomy*, 1895.

Jésus-Christ, je vois que vous êtes prophète. Dites-moi donc quel est, du Garizim ou de Jérusalem, l'endroit où Dieu veut recevoir nos adorations (1) ». A défaut de prophètes, les prêtres remplissaient de plein droit ce rôle de conseillers et d'arbitres : « Les lèvres du prêtre sont les dépositaires de la science, dit Malachie ; c'est de sa bouche qu'on recherchera la loi (2) », c'est-à-dire, sans doute, le sens de la loi.

Ainsi, juges, prêtres et prophètes étaient considérés comme les interprètes autorisés de la loi. Conformément à son droit d'interprétation, l'autorité civile prit quelquefois des mesures qui ne laissent pas de nous étonner un peu. Moïse avait d'abord fixé à trente ans l'âge auquel les lévites entraient en fonctions (3) ; il l'abaissa bientôt à vingt-cinq ans (4), sans doute parce que le résultat du recensement montra que le nombre des ministres de trente à cinquante ans ne suffi-

(1) *Joan.*, iv, 19-20.
(2) *Mal.*, ii, 7.
(3) *Num.*, iv, 2, 23, 30, 35, 39, 43, 47. Le chiffre de 30, répété sept fois au cours de ce chapitre, est parfaitement certain et le nombre 25, substitué par les Septante, n'est dû qu'au désir de lever le désaccord entre ces passages et *Num.*, viii, 28. Le chapitre iv des *Nombres* paraît sanctionner l'usage préexistant : « Tolle summam filiorum Caath de medio levitarum per domos et familias suas, a trigesimo anno et supra usque ad quinquagesimum annum *omnium qui ingrediuntur, ut stent et ministrent in tabernaculo fœderis* (iv, 2). On s'explique ainsi mieux la prompte modification de ce règlement, dès que des besoins imprévus l'exigèrent.
(4) *Num.*, viii, 28.

sait pas aux besoins du culte (1). David le réduisit encore et fixa la limite inférieure à vingt ans (2). Il avait en vue, en augmentant le nombre des lévites, de rehausser l'éclat des cérémonies sacrées, et il considérait en outre, comme l'auteur des Paralipomènes le dit expressément, que le service du Temple, étant beaucoup moins pénible que celui du Tabernacle dans le désert, exigeait moins de forces et de maturité. On peut croire que David ne fit rien sans consulter le corps sacerdotal ; toujours est-il qu'il se crut en droit d'adapter à des besoins nouveaux et de modifier en conséquence une loi mosaïque des plus formelles. Plus tard, Ezéchias et Zorobabel sanctionnèrent cette mesure (3), et l'Ecriture ne laisse pas entendre qu'ils aient outrepassé leur pouvoir.

Une autre fois, sur l'avis conforme des prêtres et des notables, Ezéchias décréta que la Pâque serait célébrée le second mois, au lieu du premier, parce que les prêtres en état de sacrifier étaient trop peu nombreux, et que le peuple, convoqué de tous les points de la Palestine, n'était pas encore réuni (4). Une casuistique formaliste aurait sans doute adopté une autre solution : les Juifs présents à Jérusalem en temps opportun auraient célébré leur Pâque au jour marqué, avec

(1) Ce nombre avait été seulement de 8580. *Num.,* iv, 48.
(2) I *Paral.,* xxiii, 24.
(3) II *Paral.,* xxxi, 17 ; Esd., iii, 8.
(4) *Ibid.,* xxx, 2.

ceux des prêtres qui se trouvaient en état de pureté légale ; les autres auraient remis la solennité au mois suivant, comme Moïse, prévoyant le cas d'empêchement légitime, le leur permettait. Mais on jugea qu'une fête scindée serait moins imposante ; Ezéchias prit donc sur lui d'interpréter dans un sens large les dispositions du législateur, et l'Ecriture, loin de l'en blâmer, paraît au contraire approuver sa conduite.

Plus souvent, c'était l'usage qui se chargeait, là comme partout, d'interpréter la loi. Revenons à l'institution du sanctuaire central. La loi définitive, celle du Deutéronome, n'est pas d'une clarté parfaite. A quel moment cette loi devait-elle entrer en vigueur ? A quel signe devait-on reconnaître le lieu unique choisi par Dieu ? La vie de Josué fut remplie par les combats ; la période des Juges fut une époque d'anarchie politique et sociale. Ce ne sont qu'invasions étrangères et luttes intestines, avec des alternatives incessantes de succès et de revers. Etait-ce là le repos absolu, la sécurité parfaite qui devait marquer l'inauguration d'un sanctuaire central unique, supprimant tous les autels particuliers et absorbant tout le culte ? Il y avait lieu d'en douter : « Je n'ai point habité de maison depuis que j'ai tiré Israël d'Egypte, dit le Seigneur par la bouche du prophète Nathan ; mais je me transportais de sanctuaire en sanctuaire et de pavillon en pavillon (1). » Salomon

____

(1) II *Paral.*, xvii, 5. Cf. II *Sam.*, vii, 6.

donne à ces paroles une tournure encore plus expressive : « Depuis le jour où j'ai tiré mon peuple d'Egypte, je n'ai pas fait choix d'une vil'e entre les tribus d'Israël pour y établir ma maison et y placer mon nom (1). » L'allusion à la loi du Deutéronome (2) est évidente : ainsi Dieu, avant Salomon, n'avait pas encore arrêté son choix, et la législation mosaïque, relative au lieu unique des sacrifices, n'avait pas encore pu recevoir son application.

Tant que l'arche et le tabernacle restaient à Silo, on pouvait facilement regarder le territoire d'Ephraïm comme la tribu privilégiée, et l'oratoire de Silo comme le sanctuaire central, identifié par Moïse avec l'autel unique. C'était là, en effet, que se dirigeaient les grands pèlerinages. Mais quand l'arche et le tabernacle se trouvèrent séparés, — ce qui ne tarda guère, car de bonne heure on prit l'habitude de porter l'arche à la suite des armées (3), — où était le sanctuaire

---

(1) I *Reg.*, viii, 16 (hebr.). Le passage parallèle (II *Paral.*, vi, 6) ajoute : « Sed elegi Jerusalem ut sit nomen meum in ea » ; ce qui marque mieux encore le choix exclusif de Dieu.

(2) *Deut.*, xii, 5, 11.

(3) I *Sam.*, iv et II *Sam.*, xi, 11, montrent l'usage établi. Pendant la guerre des onze tribus contre les Benjaminites, l'arche, on ne sait pourquoi, se trouvait à Béthel : « Eo tempore ibi erat arca fœderis Dei (*Jud.*, xx, 27). » *Ibi* désigne Béthel nommé au verset précédent. La Vulgate prend Béthel pour un nom commun : *In domum Dei*, et ajoute en glose : *hoc est in Silo* dans les deux passages suivants : *Jud.*, xx, 18, et xxi, 2. On

unique ? Et lorsque le tabernacle déserta Silo, lorsqu'il vint d'abord à Nobé, puis à Gabaon, puis à Jérusalem, fallait-il admettre que le lieu choisi par Jéhovah dans une des tribus d'Israël se transportait sans cesse de place en place et de tribu en tribu ?

L'exemple de Samuel, sacrifiant un peu partout, était bien fait pour lever les scrupules. Samuel était prophète, il pouvait se dispenser de la loi et en dispenser les autres, mais sa conduite n'a pas l'air d'une dérogation. Dès lors, l'interprétation large de la loi paraît universellement reçue. Quand David cherche un prétexte pour s'éloigner de Saül, il allègue un sacrifice annuel qui doit avoir lieu à Bethléem (1). Il fallait que l'usage fût bien connu, pour que l'excuse fût vraisemblable. Lorsqu'Absalon quitte son père, pour aller mûrir loin de lui ses plans de révolte, il feint d'avoir un vœu à remplir. Il a promis, dit-il, d'offrir des sacrifices au Seigneur dans la ville d'Hébron (2). Le saint roi David, nullement étonné de cette confidence, approuve son dessein et lui souhaite un heureux voyage. Evidemment il s'agit d'un fait usuel, d'une pratique reçue, dont les plus pieux ne songent pas à se scandaliser.

sait que l'arche restituée par les Philistins arriva à Bethsamès et fut portée de là sur la *gabaa*, c'est-à-dire la colline de Cariathiarim. Elle y était quand David la fit transférer à Jérusalem.

(1) I *Sam.*, xx, 6-29.
(2) II *Sam.*, xv, 7-9.

L'opinion publique faisait-elle fausse route ? Ce n'est pas la question. Admettons qu'elle se trompât ; ceux qui suivaient l'interprétation commune n'en étaient pas moins excusables. Une loi incomprise est, pour l'effet, une loi nulle. Prétendre que Dieu aurait dû charger un prophète de redresser l'opinion, c'est se moquer. Dieu doit-il aux hommes, se doit-il à lui-même, d'inspirer de nouveau un livre sacré, perdu par quelque accident, de corriger un passage altéré par la négligence ou, si l'on veut, par la malice des copistes ? D'ailleurs l'opinion publique était dans le vrai. Aussi l'Ecriture, qui blâme sévèrement les sacrifices offerts sur les hauts lieux après la construction du temple, n'a pas un mot de reproche pour les autels privés ou publics mentionnés auparavant.

§ 3. — *Changements par dispense et désuétude.*

Nous avons vu l'action exercée sur la loi par l'interprétation et la coutume ; il resterait à parler de la dispense : nous n'en dirons qu'un mot.

Rien ne dispense de la loi naturelle. Le vol, le blasphème, l'adultère, le faux témoignage, ne peuvent en aucun cas devenir licites. Quant aux préceptes, soit impératifs, soit prohibitifs, d'une loi positive, même divine, ils cessent d'obliger en cas d'impossibilité physique ou morale ; cette dernière s'entend d'une difficulté proportionnée à l'importance de la loi.

Un des préceptes les plus formels du Pentateuque est celui du triple pèlerinage annuel au sanctuaire central.

Or, trente ans après l'achèvement du temple, avant que les pèlerins du nord de la Palestine eussent bien appris le chemin de Jérusalem, le schisme des tribus septentrionales interrompit soudain le courant. L'état de guerre fréquent, presque perpétuel, entre les deux royaumes, l'antipathie et les haines qui en résultaient, les défenses et le mauvais vouloir des rois schismatiques, la création de deux sanctuaires rivaux à Dan et à Béthel, l'institution d'un sacerdoce idolâtrique favorisée par le départ des prêtres légitimes, tout contribuait à ralentir le mouvement des pèlerinages. Dans ces conditions, les individus étaient naturellement quittes de toute obligation et aucun prophète ne la leur rappelle. Tant que l'union politique n'existait pas, les réunions religieuses, communes aux deux contrées, étaient presque impraticables.

Après la captivité et la construction du temple du Garizim, l'état des choses ne fut guère meilleur pour les habitants du Nord. Les Galiléens, en particulier, avaient à vaincre une double difficulté, d'abord l'animosité des Samaritains, désireux d'achalander leur temple aux dépens de celui des Juifs, puis l'éloignement de Jérusalem. L'hostilité des Samaritains ayant des intermittences d'apaisement, cet obstacle était sujet à varier : restait la distance. Pour un habitant de la haute Galilée, le voyage de Jérusalem prenait six jours, l'intervalle d'un sabbat à l'autre. Autant pour le retour et pour la célébration des fêtes. C'était annuellement trois semaines à multiplier par trois, c'est-à-dire deux mois au minimum de dérangements, de fatigues et de dépenses. Evidemment, cette charge était trop lourde pour la généralité des citoyens, et ils ne pouvaient envoyer aux fêtes que des représentants. Il semble que la coutume des personnes pieuses fût de se rendre à Jérusalem une fois chaque année. On organisait de grandes caravanes qui rendaient le voyage plus facile et plus sûr. On accourait même d'Egypte et des points extrêmes de la *diaspora*. Comme de nos jours les Musulmans dévots, les Juifs d'alors, si loin qu'ils fussent, avaient à cœur de prier au moins une fois en leur vie au centre de l'unité religieuse.

Assurément, tous les hommes ne se croyaient pas tenus de répéter trois fois par an leur pèlerinage. Notre-Seigneur lui-même, si attentif à donner l'exemple du respect de la Loi, s'en dispensa quelquefois, même pendant son ministère public. L'année qui précéda sa mort, il passa en Galilée la Pâque et la Pentecôte, parce que les Juifs en voulaient à sa vie (1).

On demandera si une coutume générale et invétérée peut prescrire contre une loi divine. Il faudrait plutôt demander si Dieu entend maintenir une loi positive, lorsque, par suite des cir-

____

(1) *Joan.*, VII, 1.

constances changeantes, elle vient à tomber en désuétude et paraît inapplicable. Il faudrait demander surtout si Dieu ne peut point permettre qu'une loi soit oubliée ou, ce qui revient au même, mal interprétée, et si une interprétation, même fausse, dès qu'elle est universelle, n'a pas force de loi. Le problème ainsi posé n'admet point deux solutions.

Nous n'avons aucun motif de multiplier outre mesure les excuses légitimes et nous ne doutons pas que, dans tous les temps, les violations formelles de la loi ne fussent fréquentes. Que signifieraient autrement les invectives indignées des prophètes ? Conclure de là, comme le font les rationalistes, que la Loi n'existait pas encore, c'est raisonner à peu près comme un touriste japonais qui, se promenant un dimanche matin dans les environs de Paris, conclurait avec sagacité que la loi du repos dominical n'a pas encore été promulguée en France.

§ 4. — *Gloses insérées peu à peu dans le texte.*

Qui nous assure que l'une ou l'autre de ces consultations, soit prophétiques, soit sacerdotales, que tel commentaire plus ou moins autorisé de la Loi, ne sont point passés dans le texte actuel de Pentateuque ? De tout temps, la marge des livres, sacrés ou profanes, a reçu des gloses ; de tout temps aussi, quelques-unes de ces gloses ont fini par se glisser dans le texte le plus surveillé et le mieux protégé. Il ne serait pas non plus impossible qu'une interprétation authentique, fixant le sens et les limites d'une loi obscure ou trop concise, eût été d'office insérée dans la lettre du code primitif, à titre de parenthèse ou de déclaration. La liste, par exemple, des animaux impurs, et des diverses sortes de contact capables de produire une souillure légale, peut avoir été complétée et mise au courant, selon les principes posés par Moïse, d'accord avec le progrès des connaissances zoologiques et les leçons de l'expérience journalière. Le P. de Hummelauer ne serait pas surpris que ce fameux lièvre biblique, classé parmi les ruminants, ne se fût introduit dans le texte sacré à la faveur d'un semblable commentaire.

On nous opposera peut-être l'authenticité du Pentateuque. Mais sommes-nous obligés de défendre cette thèse avec plus de rigueur que les grands interprètes du XVIᵉ et du XVIIᵉ siècle qui n'avaient pas les raisons que nous avons aujourd'hui pour incliner vers une conception moins étroite de l'authenticité ? Au gré de Cornélius a Lapide, Moïse tenait une sorte de journal, que Josué ou un autre écrivain aurait mis en ordre, en y mêlant des idées de son cru. Pereira veut que le Pentateuque ait été rédigé longtemps après Moïse, par un compilateur qui n'aurait pas craint d'y ajouter des mots et des phrases destinés à éclairer et à lier le texte. Bonfrère, à propos de certains détails qui semblent trahir une main plus récente, ne fait pas difficulté d'accorder que

ces phrases sont des gloses ajoutées après coup
au texte primitif. Y a-t-il lieu d'aller plus loin que
Pereira, Bonfrère et Cornélius a Lapide ? C'est un
problème à étudier de bonne foi, une question à
débattre sans parti pris.

CONCLUSION

Autour de la Loi mosaïque et des six cent treize
articles dont elle se compose, on pourrait donc
inscrire en exergue : *Nova et vetera*. Seulement
le nouveau y est entièrement neuf et le vieux y
est renouvelé.

Dans le legs du passé, il convient de distinguer :
les lois patriarcales, promulguées au Sinaï plus
solennellement et revêtues quelquefois d'un nouveau symbolisme, soit historique, soit prophé-
tique ; les coutumes de la vie sociale ayant peut-
être acquis, avec le temps, force de loi ; les rites
qui se greffent naturellement sur le sentiment
religieux et se développent avec lui, suivant les
influences complexes de milieu, de contact,
d'événements fortuits ou providentiels, rites soi-
gnements triés, complétés, perfectionnés par
Moïse ; enfin, quelques emprunts à l'art égyptien,
pour rehausser la majesté du culte extérieur.

Cette constatation n'est point pour rabaisser le
grand législateur des Hébreux. Supposez que l'on
découvrît dans les divers commentateurs d'Aris-

tote et du Maître des Sentences, en particulier dans ce prodigieux Alexandre de Halès, tous les éléments de la *Somme* de saint Thomas : notre admiration pour l'œuvre immortelle du Docteur angélique en serait-elle diminuée ? Faut-il moins de génie pour s'emparer de masses disparates et, après les avoir dégrossies, en former un monument impérissable où tout se lie, s'harmonise, se soutient mutuellement et concourt à donner une impression de grandeur imposante et d'indestructible durée ?

D'ailleurs, Moïse ne transforme pas seulement ; il crée. La partie la plus importante et la plus originale de sa Loi est le produit, non pas de l'inspiration seulement, mais d'une révélation proprement dite. C'est elle qui donne à la Loi entière son unité, son caractère, sa valeur spécifique, en fait un code supérieur, sans comparaison, à tout ce que l'homme avait soupçonné avant l'Evangile, et qui, par sa transcendance même, témoigne de son origine céleste.

Mais il ne faut pas se figurer que Moïse soit arrivé d'emblée à son idéal, ni qu'il se soit interdit de compléter son œuvre et de l'adapter à des situations toujours changeantes.

On doit se souvenir aussi de l'effet du temps sur toute loi, même divine. Les circonstances nouvelles, lorsqu'elles n'ont pas pour résultat de la rendre inapplicable et sans objet, exigent souvent des modifications plus ou moins profondes. A un moment donné, on éprouve le besoin de codifier certains cas spéciaux que le législateur n'avait ni réglés, ni prévus. Le code unique d'un peuple se rouvre aisément pour faire place à ces codicilles qui ont pour but de compléter la lettre de la loi sans en altérer l'esprit. Dans quelle mesure cette végétation, qu'on ne saurait appeler parasite puisqu'elle sort du tronc primitif et en aspire la sève, a-t-elle envahi le vieil arbre planté par Moïse ; nous n'avons pas eu la prétention de le décider et sans doute l'état actuel de la science biblique ne permet pas de le dire. Notre objet n'est ici ni de défendre ni de contester l'authenticité du Pentateuque. Nous croyons seulement que la thèse classique gagnerait beaucoup en clarté si l'on distinguait toujours bien nettement entre l'auteur du Pentateuque et le législateur de la Thora.

Le Pentateuque ne se donne nulle part pour l'œuvre de Moïse. Les passages cités à l'appui n'ont trait qu'au Deutéronome et à quatre fragments particuliers, le Code de l'alliance, le Décalogue, les haltes du désert et la défaite des Amalécites, que Moïse écrit par ordre exprès de Dieu (1). Nous ne croyons pas que ces appellations, assez fréquentes dans l'Ecriture, de « Loi de Moïse » ou de « Livre de la Loi de Moïse » ni même l'expression une fois usitée de « Livre de Moïse » prouvent que l'ouvrage entier, où cette loi est consignée, ait Moïse

____

(1) *Exod.* xvii, 14 ; xxiv, 4 ; xxxiv, 27 ; *Num.* xxxiii 2 ; *Deut.* xxxi, 9, 24. Mais il y a le texte de saint Jean, v, 46, qu'il est bien difficile d'éluder.

pour auteur. Au contraire, Moïse est appelé cent fois le législateur des Hébreux et ses droits sont si bien établis que la critique la plus avancée, malgré son penchant à les restreindre, n'ose pas encore les méconnaître entièrement.

TABLE DES MATIÈRES

Saint-Amand (Cher). — Imprimerie Bussière.